FACULTÉ DE DROIT DE PARIS

Thèse

POUR LA LICENCE.

L'Acte public sur les matières ci-après sera soutenu,
le jeudi 16 avril 1857, à midi,

Par ALBERT-HENRI BLANCHARD DE FARGES,
né aux Motteaux, près Château-Renard (Loiret).

Président : M. VALETTE, Professeur.

Suffragants :	MM. OUDOT, ORTOLAN, COLMET DAAGE,	Professeurs.
	RATAUD,	Suppléant.

Le Candidat répondra en outre aux questions qui lui seront faites sur les autres matières de l'enseignement.

PARIS.
CHARLES DE MOURGUES FRÈRES, SUCCESSEURS DE VINCHON,
Imprimeurs de la Faculté de Droit,
RUE J.-J. ROUSSEAU, N° 8.

1857.

2010

A MON PÈRE, A MA MÈRE.

2010 2

JUS ROMANUM.

SI AGER VECTIGALIS.
(Dig., VI, 3.)

DE USURIS ET FRUCTIBUS.
(Dig., XXII, 1.)

DE SUPERFICIEBUS.
(Dig., XLIII, 18.)

DE JURE EMPHYTEUTICO.
(C. IV, 66. Nov. CXX, cap. 8.)

SI AGER VECTIGALIS.

« Agri civitatum alii vectigales vocantur, alii non. Vectigales « vocantur qui in perpetuum, seu ad tempus, sed non ad mo- « dicum tempus locantur, hac lege, ut tamdiu pro his vec- « tigal (id est annua in pecunia aut fructibus præstatio) pen- « datur, quamdiu neque ipsis qui conduxerint, neque his qui

« in locum eorum successerunt, auferri eos liceat » (Paulus, lib. 21, *ad edictum*).

Non erant vectigales agri qui ita colendi concedebantur, ut privatim agri, id est in modicum tempus pro certa annua mercede, colendi dari solebant; et quidem his qui colendos accipiebant eædem quæ conductoribus competebant actiones, iisdem vero jus in re non acquirebatur.

Non ita de agris vectigalibus, namque, ut ait Paulus : « Qui « in perpetuum fundum fruendum conduxerunt a municipi- « bus, quamvis non efficiantur domini, tamen placuit eis com- « petere (utilem) in rem actionem adversus quemvis possessorem, « sed et adversus ipsos municipes ».

Inde novum jus, uberius usufructu, dominio proximum atque ad eum finem constitutum ut vectigales agri, plerumque in principio steriles et inculti, facilius cultura meliorentur.

Etenim præter actionem in rem utilem, prætoris tuitione concessam, conductori etiam qui agrum vectigalem bona fide accepit, quamvis usucapi non possit, Publiciana competit.

Quod si vectigal jam non pendatur, civitas quidem actione in rem directa uti potest adversus agri vectigalis detentores qui ulla eam exceptione repellere nequeunt : civitas vero exceptione doli mali repellere potest actionem in rem utilem quam isti adversus ipsam exercere tentarent.

DE USURIS ET FRUCTIBUS.

Usuræ et fructus et causæ species sunt accessionum.

Usura (dicta ab usu, utpote usus pretium) interdum pro omni sortis cujusdam accessione, ut pro fructibus percipitur.

Fructus intelligitur quod ex re nascitur et renasci solet. Inde videmus usuram esse a fructu dissimilem eo quod non ex ipso corpore illa nascitur, sed obligatione.

Sunt autem fructus, aut naturales, qui sine hominis facto, ex ipsa re, natura producuntur, ut fœnum; aut industriales, qui industriam et factum hominis requirunt, ut fruges; aut civiles, qui non ex ipso corpore nascuntur, sed ratione rei jure civili percipiuntur, nec sunt, sed habentur fructuum loco, ut usura, pensio.

Causa definiri potest : omnis utilitas circa rem emergens, quæ fructus non appellari potest, puta partus ancillæ.

Mora est culpa ejus qui non solvit quod solvere debet, vel oblatum non accepit quod debet recipere.

Mora fit, non ex re ; id est, dilata ejus rei quæ debetur solutione, sed ex persona, si videlicet interpellatus debitor, cum exigi posset, opportuno loco et tempore non solvat.

Committitur vel per interpellationem extrajudicialem , vel per litis contestationem , vel per sententiam , vel in re sine interpellatione , veluti si obligatio sit in diem aut ex delicto debeatur.

Usuræ quidem vel moratoriæ vel compensatoriæ dicuntur.

Moratoriæ sunt quæ, ut fructus, in bonæ fidei judiciis veniunt a tempore moræ, in strictis vero, si sint stipulatæ, a tempore litis contestatæ; compensatoriæ autem quæ præstantur, ut creditor a commodata sorte justam mercedem obtineat.

Romani sortem datam in centum partes dividere centesimamque hujus sortis in menses singulos, usuræ nomine, stipulari solebant :

> Romani pueri longis rationibus assem
> Discunt in centum partes deducere.....
>
> HORAT., ars poet.

et hæc erat gravissima usura, scilicet anno in centum duodecim, singulis calendis præstanda :

> Cum tristes misero venere calendæ
>
> HORAT.

Omnibus vero non semper tantas usuras exercere licuit : namque ex Justiniani constitutione, nobilioribus et illustribus personis permissum trientales duntaxat usuras exercere, id est tertiam centesimæ; mercatoribus bessales quæ sunt duæ trientales centesimæ partes, ac quolibet anno octo in centum; cæteris personis semissem, hoc est dimidiam tantummodo centesimæ usurarum nomine stipulari permissum est.

Centesimæ autem usuræ nonnisi in trajectitiis contractibus sunt permissæ.

Usurarum addimenta recipere possunt pecunia numerata et fruges, scilicet si principaliter debeantur : nam usurarum usuræ, quæ anatocismus dicuntur, arctissime prohibentur, et cum in hoc sæpius legum vis fraude quadam eluderetur, Justinianus, C., lib. IV, tit. 32, L. 28, disposuit :

« Ut nullo modo usuræ usurarum a debitoribus exigantur et veteribus quidem legibus constitutum fuerat, sed non perfectissime cautum : si enim usuras in sortem redigere fuerat concessum, et totius summæ usuras stipulari : quæ differentia erat debitoribus, a quibus revera usurarum usuræ exigebantur? Hoc certe erat non rebus sed verbis tantummodo legem ponere. Quapropter hac apertissima lege definimus nullo modo licere cuiquam usuras præteriti temporis vel futuri in sortem redigere, et earum iterum usuras stipulari. Sed et si hoc fuerit subsecutum : usuras quidem semper usuras manere et nullum usurarum aliarum incrementum sentire : sorti autem antiquæ tantummodo incrementum usurarum accedere. »

DE SUPERFICIEBUS.

Superficies significat hic, omne quod solo inædificatum est.

Superficiarius est qui superficiei in alieno solo positæ dominium utile habet, et certam pensionem domino soli præstat.

Superficiario, ad jus suum retinendum, prætor exemplo interdicti uti possidetis, interdictum speciale de superficiebus dedit; ea tamen conditione, ut nec vi, aut clam, aut precario ab adversario possideat.

Cui præter hoc interdictum, etiam utilis rei vindicatio datur, si in perpetuum vel ad non modicum tempus superficiem conduxit.

Superficiem et vendere, et donare, et legare superficiarus potest : item eam pignori obligare, eique usumfructum, aut servitutes quæ tuitione prætoris constituentur atque utilibus actionibus petentur, imponere.

Is autem in cujus solo superficies est, adversus superficiarium si velit vindicare, dicendum est illum data in factum exceptione repellendum; nam cum superficiarius jus suum per actionem persequi potest, multo magis potest illud per exceptionem tueri.

Si pluribus communis est superficies, utilis actio communi dividundo datur.

DE JURE EMPHYTEUTICO.

Jus emphyteuticum a jure in agro vectigali originem trahit : nam, quæ in primis temporibus jura in publicis tantum agris concedebantur, etiam in privatorum prædiis constitui posse decretum fuit.

Fit ex contractu emphyteutico, in quo dominus utile dominium ac possessionem sui prædii profani, perpetuo, ecclesiastici pro tempore, in emphyteutam transfert, ea lege, ut is prædium colendo reddat melius, et in recognitionem dominii directi, quod dominus retinet, canonem, hoc est certam pensionem quotannis præstet.

Datur autem emphyteutæ quasi domino, utilis in rem actio,

contra quemque possessorem, etiam contra ipsum dominum, ita tamen si supradictam pensionem solvat.

Quæ quidem conventio utrum locatio-conductio an emptio-venditio existimaretur apud veteres agitabatur. Alii, plenissimum jus utendi et veluti dominium quoddam emphyteutæ gratia constitutum, quod etiam in hæredes transibat, spectantes, venditionem esse arbitrabantur. Alii vero, quia dominium directum prædii domino manebat, et pro usu rei annuum canonem partes stipulatæ erant, locationis potius speciem inveniebant: in venditione, inquiebant, pretium statuitur, ab emptore semel pendendum. Posteriorem hanc sententiam plures, inter quos Gaïus ipse, sequebantur. Sed lex Zenoniana lata est quæ illam controversiam sustulit, hujusque modi conventionem, propriis legibus subnixam, ab emptione et locatione distinctam esse disposuit:

« Jus emphyteuticarium, neque conductionis neque alienationis esse titulis adjiciendum, sed hoc jus tertium esse constituimus, ab utriusque memoratorum contractuum societate seu similitudine separatum : conceptionem item, definitionemque habere propriam, et justum esse validumque contractum, in quo cuncta, quæ inter utrasque contrahentium partes super omnibus vel etiam fortuitis casibus, scriptura interveniente habitis, placuerint, firma illibataque perpetua stabilitate modis omnibus debeant custodiri. » (Cod. 1, *de jure emphyteutico.*)

Hujus ad essentiam contractus scriptura non requiritur.

Contractu hoc perfecto, omne commodum atque incommodum rei emphyteuticæ transit in emphyteutam, quia rem emphiteuticam non quidem jure proprietatis, sed ei proximo habet.

Finitur emphyteusis finita generatione seu sobole ejus qui accepit; item præscriptione, sive emphyteuta jus suum per triginta annos non vindicaverit, sive alius bona fide, et ex justa causa, fundum quasi suum per decem vigintive annos possiderit. Cadit et emptyteuta jure suo, si canonem totum per biennium in ecclesiasticis, triennium in temporalibus non solvat; alienet rem ignorante domino; conventis pactis stare detrectet; dolo malo domino jus suum intervertere conetur, etc.

Biennium tantum, sicut diximus, in emphyteusi ecclesiastica expectandum erit antequam emphyteuta ob neglectam pensionis solutionem expelli queat; idque in favorem piorum locorum receptum est.

In rebus ecclesiarum, emphyteusis non valet, nisi scriptura intervenerit.

Si deteriorem faciat rem emphyteuta, imperator dat « licentiam venerabili domui ex qua emphyteusis facta est, et quæ debentur solum pro præcedente tempore, et antiquum statum emphyteuticæ rei exigere, et ejicere de emphyteusi non valentem de emponematis actionem aliquam contra venerabiles domos movere. »

POSITIONES.

I. An fructus percepti ante judicium acceptum a possessore bonæ fidei, vindicanti restituendi sint? — Non restituendi sunt.

II. An, superveniente mala fide, possessor percipiendo fructus suos faciat? — Non suos facit.

III. An in actionibus in rem possessor bonæ fidei moram facere intelligatur ante rem judicatam? — Ita fieri posse puto.

IV. An in actione ex testamento fructus et causa ex mora veniant? — Non veniunt.

V. An in judiciis stricti juris, lite contestata usuræ currant? — Non currunt.

VI. An inter se conciliari possint LL. 32, § 4, *de usuris*, 18, *de duobus reis*, et 173, § 2, *de regulis juris?* — Possunt.

VII. Si malæ fidei possessor hæreditatis pecuniam, præsidii causa, a defuncto depositam, fœneraverit; an usuras præstare cogatur? — Non cogendum puto.

DROIT FRANÇAIS.

(Code Nap., art. 530, 1909-1914; 1968-1983. — Lois des 18-29 décembre 1790 et 3 septembre 1807. — Loi du 19 décembre 1850 sur le délit d'usure, art. 1er.)

DES RENTES.

Une rente en général est un droit *personnel*, en vertu duquel une personne peut être contrainte à des prestations périodiques, soit en argent, soit en nature.

Ces prestations prennent le nom d'*arrérages* par opposition aux *intérêts* d'une simple créance.

La rente se distingue essentiellement de toute autre créance par cette circonstance qu'elle n'a point de terme fixe d'échéance. Aussi les rédacteurs du Code la désignent-ils par ces termes : *somme non exigible*, bien que cependant ces sortes de créances soient assez souvent exigibles, sans toutefois être jamais à échéance.

Les rentes sont perpétuelles ou viagères.

Les rentes perpétuelles se subdivisent elles-mêmes en rentes foncières et en rentes constituées ; et quoique le Code n'ait pas formulé cette distinction d'une manière expresse, et ait, en principe, achevé de supprimer les rentes foncières telles qu'elles étaient avant 1789, nous dirons qu'en fait, le Code reconnaît aujourd'hui trois sortes de rentes :

1° Les rentes foncières;

2° Les rentes constituées (en perpétuel);

3° Les rentes viagères.

Nous étudierons donc successivement ici ces trois sortes de rentes, tant au point de vue de leur état dans l'ancien droit, qu'au point de vue des lois qui les régissent sous l'empire de la législation actuelle.

RENTE FONCIÈRE.

Les rentes foncières, dont l'origine est fort ancienne en France et remonte aux premiers temps de la monarchie, résultaient d'un contrat appelé *bail à rente*, en vertu duquel l'une des parties contractantes cédait à l'autre un immeuble ou un droit immobilier sous la réserve d'une redevance annuelle en argent ou en nature, considérée comme la condition de la cession.

Ce droit de rente était un droit réel, un démembrement de la propriété que le bailleur réservait à son profit sur l'héritage cédé, comme l'indique au reste le nom de *census reservativi* par lequel on désignait autrefois les rentes foncières, par opposition aux *census constitutivi* (rentes constituées), dont nous parlerons plus loin.

La rente foncière constituant un droit réel, nous en tirerons les conséquences suivantes :

1° Elle était immobilière, car elle représentait dans les mains du bailleur une portion non aliénée de son immeuble ;

2° Elle n'était point rachetable, car on ne rachète que ce qui a été vendu ; or le preneur n'avait pas vendu la rente au bailleur;

c'est le bailleur qui s'était réservé ce droit sur son immeuble.

Toutefois, la faculté de racheter la rente foncière pouvait être accordée au preneur par le bailleur, et plusieurs fois même les ordonnances des rois intervinrent pour concéder cette faculté dans certains cas et dans un but d'utilité générale.

3° Enfin, la rente foncière était une dette réelle et non personnelle.

L'héritage était regardé comme débiteur principal de la rente dont le preneur n'était tenu qu'autant qu'il possédait. Le bailleur avait donc une action directe contre le tiers détenteur pour le payement des arrérages dus depuis sa possession. S'il trouvait trop onéreuse l'obligation de servir la rente, le preneur pouvait s'en affranchir en déguerpissant, c'est-à-dire en abandonnant en justice le fonds au créancier, à moins que le contrat ne renfermât la clause de *fournir et faire valoir*, clause, à la vérité, très commune autrefois dans les baux à rente, et de laquelle résultait pour le preneur l'obligation de garantir la rente, même lorsqu'il n'était plus détenteur de l'immeuble.

Avant la révolution de 1789, il était rare qu'un fonds n'eût qu'un seul maître. Le domaine direct appartenait à une personne, le *domaine utile* à une autre. Le bail à rente était un des moyens d'arriver à ce résultat qu'on obtenait encore à l'aide de divers autres contrats appelés baux à emphytéose, baux à cens, etc., et qui avaient entre eux une grande analogie.

L'emphytéose se reliant étroitement à la rente foncière et faisant d'ailleurs partie des matières latines de cette thèse, nous allons examiner les phases par lesquelles ont passé ces deux sortes de droits, et rechercher la question de savoir s'ils existent encore comme droits spéciaux, sous l'empire de la législation actuelle.

Le bail à emphytéose peut être défini : « un contrat par lequel le propriétaire d'un héritage ou d'une maison en cède à un autre la propriété utile, à la charge que l'emphytéose y fera des améliorations et payera en outre une redevance au bailleur, en reconnaissance du domaine direct qu'il s'est réservé. »

L'emphytéose pouvait être perpétuelle ou temporaire et le droit qu'elle constituait était réel, et par suite susceptible d'être hypothéqué.

La concession d'un immeuble à titre emphytéotique impliquait de plein droit l'obligation pour le preneur, de supporter toutes les charges réelles et foncières dont cet immeuble était grevé. Il devait aussi entretenir la chose en bon état de réparations de toute espèce; mais il pouvait aussi, de même que le débiteur, se libérer de ses obligations par le déguerpissement. On refusait toutefois ce droit à l'emphytéote temporaire.

La loi du 18-29 décembre 1790 autorisa le rachat de toutes les rentes foncières perpétuelles antérieurement créées, et défendit d'en créer à l'avenir de non remboursables.

Cette innovation était assurément très-importante, puisque le propriétaire d'un immeuble grevé d'une pareille charge pouvait substituer au droit de propriété incomplet qui lui appartenait, un *dominium* plein et entier. Cependant, la nature de la rente foncière restait la même; car l'art. 3 du titre V de la loi précitée portait que : « la faculté de racheter les rentes foncières ne changera rien à leur nature immobilière, ni quant à la loi qui les régissait; en conséquence, elles continueront d'être soumises aux mêmes principes, lois et usages que ci-devant, quant à l'ordre des successions; ni quant aux dispositions entre vifs ou testamentaires et aux aliénations à titre onéreux. »

Les rentes foncières continuèrent donc encore, depuis cette époque, à être rangées dans la classe des immeubles; mais la vérité est qu'elles venaient d'être profondément atteintes même dans leur caractère foncier, c'est-à-dire dans leur essence, et il était dès lors facile de prévoir leur complète transformation, ou plutôt la destruction même de l'espèce de démembrement de propriété qu'elles représentaient.

Les emphytéoses perpétuelles eurent le même sort que les rentes foncières. Le législateur de 1790 pensait certainement à elles lorsqu'il disait, dans l'art. 1er du titre Ier : « Toutes les rentes foncières perpétuelles, *de quelque nature qu'elles soient*, seront remboursables. » Il suffit de lire l'art. 5 du titre III pour s'en convaincre.

Les baux emphytéotiques perpétuels se trouvaient également compris dans cette autre disposition de l'art. 1er du titre Ier : « Il est défendu de plus, à l'avenir, de créer aucune redevance foncière non remboursable, sans préjudice des baux à rente ou emphytéose, et non perpétuels, qui seront exécutés pour toute leur durée, et pourront être faits à l'avenir pour quatre-vingt-dix-neuf ans et au-dessous; ainsi que les baux à vie sur plusieurs têtes, à la charge qu'elles n'excéderont pas le nombre de trois. »

Le crédi-rentier n'était pas forcé d'accepter un remboursement partiel. L'art. 2 du titre II le décidait ainsi, même « lorsqu'un fonds grevé de rente ou redevance foncière perpétuelle était possédé par plusieurs copropriétaires, soit divisément, soit par indivis. »

L'art. 3 (même titre) permettait aux créanciers et aux débiteurs de rentes ou redevances foncières « de traiter du rachat, à telle somme et sous telles conditions qu'ils jugeaient à propos. » Il déclarait, en outre, que « les traités ainsi faits de gré à gré ne pourraient être attaqués sous prétexte de lésion quelconque. »

Si les parties ne s'accordaient pas sur le prix du rachat, il y avait lieu à l'application du titre III. D'après l'art. 2, le remboursement des rentes ou redevances payables en argent devait se faire au denier vingt, c'est-à-dire sur le pied de 5 p. %. Les rentes ou redevances payables en nature devaient être rachetées au denier vingt-cinq, c'est-à-dire sur le pied de 4 p. %.

Telles étaient les principales dispositions de la loi de 1790.

Vint ensuite la loi du 20 août 1792, qui abolit l'indivisibilité de la rente foncière, et réduisit à cinq ans le temps nécessaire pour la prescription des arrérages.

Enfin, la loi du 11 brumaire an VII décida qu'à l'avenir la rente foncière ne pourrait plus être frappée d'hypothèque, faculté qu'elle laissait subsister en ce qui concerne l'emphytéose (art. 6).

Il était réservé au Code Napoléon de donner le dernier coup aux rentes foncières. L'art. 530 porte :

« Toute rente établie à perpétuité pour le prix de la vente d'un immeuble ou comme la condition de la cession à titre onéreux ou gratuit d'un fonds immobilier, est essentiellement rachetable.

« Il est néanmoins permis au créancier de régler les clauses et conditions du rachat.

« Il lui est aussi permis de stipuler que la rente ne pourra lui être remboursée qu'après un certain terme, lequel ne pourra excéder trente ans. »

On s'est demandé si la loi du 11 brumaire an VII, en défendant d'hypothéquer les rentes foncières, les avait par cela seul complétement mobilisées sous tous les rapports? Elle ne s'en expliquait pas formellement, et on a pu, en conséquence, prétendre avec beaucoup de force que le principe de la mobilisation des rentes ne datait que du Code Napoléon. Mais la solution contraire a toutefois triomphé, et justement, suivant nous; car la disposition de la loi de brumaire n'était, en réalité, que la conséquence de ce principe, qui, bien que non formulé dans la loi elle-même, en formait néanmoins la base essentielle; principe, d'ailleurs, proclamé dans la discussion qui a précédé nos art. 529 et 530 : « La section, dit Cambacérès, a suivi, sur les rentes, la législation existante. »

Ce qui est vrai seulement, c'est que l'art. 529 du Code Napoléon est le premier qui ait écrit, en termes formels, la règle nouvelle, que les rentes autrefois dites *foncières* doivent être rangées désormais parmi les biens meubles.

Évidemment, pour cette fois, c'en était fait des rentes foncières, et l'art. 530 n'a été ajouté au Code que pour consacrer d'une manière définitive le principe adopté par la loi de 1790 sur les rentes foncières, et sanctionner le rejet, par le conseil d'État, d'un projet qui aurait eu pour effet de les rétablir.

La rente foncière, ou plutôt celle que l'on désigne encore ainsi, faute d'une dénomination plus exacte, pour distinguer les rentes dont il est question dans l'art. 530 de celles dont traitent les art. 1909 et suivants, n'est donc plus aujourd'hui qu'un droit mobilier et personnel.

1° Elle est meuble, c'est-à-dire que le créancier ne conserve aucun droit dans l'immeuble par lui aliéné, et que le débiteur en devient plein et entier propriétaire. C'est donc, comme on le voit, une véritable vente.

2° Elle est rachetable.

3° Elle oblige toujours celui qui s'en est constitué le débiteur personnel et ses héritiers; elle n'oblige jamais les tiers détenteurs, en cette seule qualité.

Quant à l'emphytéose, en présence du silence que les rédacteurs du Code ont constamment gardé à son égard, malgré la place importante qu'elle avait toujours tenue dans les législations précédentes, depuis le droit romain jusqu'aux derniers temps de notre ancien droit français, nous dirons que ces mêmes rédacteurs n'ont pu vouloir la maintenir, et que ce qui, dans les conventions privées ou dans les lois, est appelé emphytéose, ne constitue aujourd'hui qu'un simple bail d'une durée plus longue que celle des baux ordinaires, mais toujours soumis aux règles du contrat de louage.

DES RENTES CONSTITUÉES.

Les rentes constituées étaient un des nombreux moyens inventés par nos pères pour éluder les prohibitions rigoureuses qui frappaient autrefois le prêt à intérêt dans lequel on ne voulait voir alors qu'une opération usuraire.

Elles résultaient du contrat de constitution de rente, dont Pothier donne cette définition : Un contrat par lequel l'un des contractants vend à l'autre une rente annuelle et perpétuelle dont il se constitue le débiteur pour un prix licite convenu entre eux, qui doit consister en une somme de deniers qu'il reçoit de lui, sous la faculté de pouvoir toujours racheter la rente, lorsqu'il lui plaira, pour le prix qu'il a reçu pour la constitution et sans qu'il puisse y être contraint.

C'était, comme on le voit, un contrat de vente avec faculté de réméré, qui avait cela de particulier qu'il créait lui-même l'objet vendu, qu'il le *constituait*, et que cet objet cessait d'exister et se trouvait amorti par l'exercice du réméré. De là le nom de *census constitutivi* que l'on donnait aux rentes constituées par opposition aux *census reservati* (rentes foncières).

Cependant, quoi qu'on pût faire pour couvrir du nom de vente l'opération de constitution de rente, il n'en restait pas moins acquis, en réalité, que ce contrat se rapprochait beaucoup plus du prêt à intérêt que de la vente. Aussi les théologiens s'émurent-ils de cette ressemblance, et soutinrent avec force que la constitution de rente n'était qu'un prêt déguisé qu'on devait, par conséquent, déclarer usuraire et illicite. Après de nombreux débats sur cette question entre ces derniers et les légistes qui soutenaient l'opinion contraire, on eut recours à l'autorité ecclésiastique qui fit cesser cette controverse. Le pape Martin V, en 1423, et après lui Calixte III, en 1455, rendirent deux bulles, connues sous le nom de bulles *Regimini*, qui déclaraient licites les rentes constituées dont l'usage devint, dès lors, extrêmement fréquent, comme cela se conçoit facilement, à une époque où, le prêt à intérêt étant prohibé, elles offraient un moyen presque unique de faire fructifier les capitaux. Au reste, en les autorisant, les papes voulurent qu'elles fussent garanties par un fonds de terre déterminé dont la perte devait entraîner celle de la rente : le crédi-rentier fut donc considéré comme ayant un droit sur un immeuble, et c'est ce qui explique comment les rentes constituées, malgré leur nature mobilière, furent rangées tout d'abord dans la classe des immeubles, et continuèrent de l'être plus tard, alors même qu'on eût cessé de se soumettre aux exigences primitives de l'autorité ecclésiastique.

En résumé, la rente constituée se distinguait par trois caractères principaux :

1° Elle était une dette personnelle au débi-rentier qui, par conséquent, ne pouvait s'en affranchir par aucun déguerpissement, et elle se transmettait à ses héritiers et successeurs universels;

2° Elle était rachetable; et cette expression était très-juste, d'après l'espèce de fiction qu'on avait adoptée, puisque le débiteur de la rente rachetait en effet le droit qu'il avait *vendu* d'exiger de lui le payement des arrérages ;

3° Elle était immeuble, et ce caractère anormal dont elle était revêtue s'explique historiquement, comme nous venons de le dire.

La loi du 3-12 octobre 1789 ayant autorisé le prêt à intérêt, le contrat de constitution de rente perdit beaucoup de son utilité, et devint d'un usage bien moins fréquent que dans l'ancien droit.

La loi du 11 brumaire de l'an VII déclara qu'à l'avenir les rentes constituées ne pourraient plus être frappées d'hypothèque.

Aujourd'hui les rentes constituées sont meubles par la détermination de la loi (art. 529), et les rédacteurs du Code en les plaçant sous la rubrique du prêt à intérêt montrent par là qu'ils n'y voient qu'une variété de ce genre de contrat.

La loi du 3 septembre 1807 régit les rentes constituées comme les prêts proprement dits. Le taux de la rente, comme celui de l'intérêt, ne doit pas excéder 5 °/₀ en matière civile, et 6 °/₀ en matière de commerce.

« On peut, dit l'art. 1909, stipuler un intérêt moyennant un capital que le prêteur s'interdit d'exiger. Dans ce cas, le prêt prend le nom de constitution de rente. »

Plus loin, l'art. 1911 porte que la rente constituée en perpétuel est essentiellement rachetable. Toutefois, moins rigoureux en cela que l'ancien droit qui regardait comme nulle toute clause tendant à restreindre ou à gêner la faculté du rachat, le même article permet de stipuler que « le créancier sera prévenu du rachat à un certain terme d'avance ou que le rachat n'aura pas lieu pendant un certain délai, lequel toutefois ne peut excéder dix ans. »

Cet article souffre exception dans les trois cas suivants :

1° Si le débiteur cesse de remplir ses obligations pendant deux années consécutives ;

2° Si le débiteur manque à fournir les sûretés promises par le contrat (art. 1912), par exemple : s'il s'était engagé à donner une caution et qu'il n'exécute pas son obligation. Il en doit être de même lorsqu'il détruit ou diminue les sûretés qu'il avait données par le contrat (art. 1188);

3° En cas de faillite ou de déconfiture du débiteur.

La rente constituée s'éteint par la prescription de trente ans, et les arrérages se prescrivent eux-mêmes par cinq ans.

On peut voir, d'après tout ce qui précède, que les rentes constituées offrent aujourd'hui de nombreuses analogies avec les rentes foncières ; on serait même tenté de les confondre au premier abord ; mais si elles sont identiques sur plusieurs points importants, on peut aussi signaler entre elles plusieurs différences notables.

Toutes deux sont mobilières, toutes deux sont rachetables et non exigibles ; dans l'une et l'autre il est permis au créancier de stipuler que le débiteur devra l'avertir au terme fixé d'avance. Voilà les analogies, mais : 1° dans la rente constituée, il y a abandon d'un capital mobilier; dans la rente foncière, abandon d'un immeuble;

2° Dans la rente constituée, le créancier ne peut efficacement prohiber le rachat que pendant dix ans; il le peut pendant trente ans dans la rente foncière;

3° Dans la rente constituée, le rachat ne peut se faire que sur le pied du taux légal ; dans la rente foncière, au contraire, on peut régler à sa volonté les conditions de rachat et l'établir sur le pied d'un taux supérieur au taux légal ;

4° Dans la rente constituée, ce n'est qu'après deux ans de non payement des arrérages que le capital devient exigible, tandis que le créancier d'une rente foncière peut le réclamer si le débiteur manque de payer les arrérages d'une seule année (art. 1184). Ce dernier créancier étant un véritable vendeur peut de même demander la résolution du contrat pour cause de lésion, ce qui ne peut exister en faveur du créancier d'une rente constituée, qui n'est qu'un prêteur.

Par la même raison, la rente constituée ne crée aucun privilége, aucune hypothèque au profit du créancier, à moins de stipulation contraire ; dans la rente foncière, au contraire, le créancier ayant aliéné un immeuble dont la rente est le prix, doit avoir le privilége du vendeur.

RENTE VIAGÈRE.

La rente viagère est celle qui est constituée sur la tête d'une ou de plusieurs personnes, et qui doit s'éteindre à leur mort. Cette incertitude sur la durée de la rente l'a fait ranger avec raison parmi les contrats aléatoires. Elle fait aussi partie des droits mobiliers (art. 529).

La rente viagère peut être constituée de deux façons, ou à titre onéreux ou à titre gratuit : dans le premier cas, c'est une vente ; dans le second, c'est une donation soit entre vifs, soit testamentaire.

La rente viagère s'établit à titre onéreux « moyennant une somme d'argent ou pour une chose mobilière appréciable ou pour un immeuble » (art. 1968). Elle suit alors les principes de la vente à l'exception des règles particulières qu'elle doit à son caractère aléatoire, caractère dominant d'où découlent de nombreuses conséquences dont nous allons signaler quelques-unes :

1° L'aliénation d'un immeuble moyennant une rente viagère n'est pas rescindable pour cause de lésion de plus des sept douzièmes; les chances, en effet, ne peuvent pas être appréciées, estimées.

2° Le contrat de constitution de rente viagère ne produit aucun effet, si, au jour où il est passé, la personne sur la tête de laquelle la rente est constituée était déjà morte. Dans ce cas, en effet, cette créance aléatoire n'a pas été acquise, car elle n'a pas existé un seul instant.

L'art. 1975 va plus loin : il prononce également la nullité du contrat, lorsque la rente a été créée sur la tête d'une personne atteinte de la maladie dont elle est décédée dans les vingt jours de la date du contrat ; la chance de perte pour le débiteur n'a encore été qu'apparente ; donc le contrat est encore nul faute de cause. Le contrat est nul, même au cas où la maladie est connue du constituant, à moins toutefois qu'il n'apparaisse que le constituant a voulu faire une libéralité, auquel cas elle est maintenue.

Mais la rente constituée sur plusieurs têtes ne serait pas annulée par la maladie, suivie de mort dans les vingt jours, de l'une d'elles, au moment du contrat. Dans ce cas, en effet, le constituant a encore la chance de gagner.

3° La rente viagère n'est pas rachetable. Le débiteur des arrérages ne peut se libérer de l'obligation de les payer, en offrant au créancier le remboursement du capital, et en renonçant même à la répétition des arrérages déjà payés. Le service de la rente, quelque onéreux qu'il ait pu devenir, doit être continué tant que dure la vie de la personne sur la tête de laquelle elle a été créée (art. 1979); le système contraire changerait entièrement la nature du contrat.

La rente viagère qui s'établit à titre gratuit est soumise aux mêmes règles de forme et de fond que les donations ; elle doit être faite par acte authentique, acceptée expressément, etc. (art. 1969).

La rente viagère cesse ordinairement à la mort du crédi-rentier ; mais elle peut être constituée sur la tête d'une tierce personne qui n'a aucun droit d'en jouir (art. 1971), et même sur plusieurs têtes (art. 1972). Elle peut être également reversible d'une personne à une autre. Quant à son taux, le caractère aléatoire dont elle est revêtue a empêché la loi de le limiter.

Le taux le plus élevé, le plus usuraire est permis, parce que la mort peut déjouer les calculs des parties contractantes, et qu'elles ont pu faire le contrat dans cette prévision (art. 1976). La loi de 1807 est donc inapplicable à la rente viagère.

Les arrérages s'acquièrent jour par jour. Le créancier n'a donc droit qu'à une part proportionnelle au nombre de jours qu'il a vécu ou qu'a vécu la personne sur la tête de laquelle la rente était constituée. Cependant, quand il a été convenu que la rente serait payée d'avance, le terme est acquis du jour où le payement eût dû être fait (art. 1980).

La rente viagère peut être déclarée insaisissable quand elle est constituée à titre gratuit.

Lois du 3 septembre 1807 sur l'intérêt de l'argent et du 19 décembre 1850 sur le délit d'usure.

L'Assemblée constituante, par un décret du 3 octobre 1789, autorisa le prêt à intérêt et fixa en même temps le taux légal à 5 % en matière civile, sans s'occuper de l'intérêt commercial.

La Convention, en prohibant par une loi du 11 avril 1793 le commerce des espèces monétaires, vint abroger implicitement le décret de 1789 qu'elle remit tacitement en vigueur le 6 floréal an III, et le 5 thermidor an IV, et qui y resta jusqu'à la promulgation du Code Napoléon, dont l'art. 1905 permet « de stipuler des intérêts pour simple prêt, soit d'argent, soit de denrées, ou autres choses mobilières. »

Mais le Code n'ayant pas déterminé de taux légal, ce point fut réglé plus tard par la loi du 3 septembre 1807, dont l'art. 1er porte : « Que l'intérêt conventionnel ne pourra excéder en matière civile 5 %, ni en matière de commerce 6 %, le tout sans retenue. »

L'art. 2 de cette loi fixe en même temps l'intérêt légal à 5 % en matière civile et 6 % en matière commerciale, et l'art. 5 en portant : « qu'il n'est rien innové aux stipulations d'intérêts par contrats ou autres actes faits avant la publication de la présente loi, » présente une application du principe que les lois n'ont pas d'effet rétroactif.

Les art. 3 et 4 ont été modifiés par la loi du 19 décembre 1850. L'art. 3 était ainsi conçu : « Lorsqu'il sera prouvé que le prêt conventionnel a été fait à un taux excédant celui qui est fixé par l'art. 1er, le prêteur sera condamné, par le tribunal saisi de la contestation, à restituer cet excédant s'il l'a reçu, ou à souffrir la réduction sur le capital de la créance. »

Aux termes de l'art. 1er de la nouvelle loi : « Lorsque dans une instance civile ou commerciale il sera prouvé que le prêt conventionnel a été fait à un taux supérieur à celui fixé par la loi, les perceptions excessives seront imputées de plein droit aux époques où elles auront eu lieu, sur les intérêts légaux alors échus et subsidiairement sur le capital de la créance. Si la créance est éteinte en capital et intérêts, le prêteur sera condammé à la restitution des sommes indûment perçues, avec intérêt du jour où elles lui auront été payées. »

D'après l'art. 4 de la loi de 1807, tout individu prévenu de se livrer habituellement à l'usure devait être traduit devant le tribunal correctionnel et, en cas de conviction, condamné à une amende qui ne pouvait excéder la moitié des capitaux prêtés à usure. A cette peine, l'art. 2 de la loi de 1850 ajoute un emprisonnement de six jours à six mois.

Enfin, la loi de 1807 ne prévoyait pas la récidive dont la nouvelle loi s'occupe au contraire spécialement dans son art. 3.

POSITIONS.

I. La rente foncière non perpétuelle est-elle rachetable ? — Non.

II. Si l'aliénation d'un immeuble est consentie pour un prix en argent dont il est convenu plus tard, dans le même acte, que l'acheteur servira la rente à perpétuité, doit-on appliquer à cette aliénation toutes les règles en matière de rente foncière ? — Oui.

III. La convention d'anatocisme est-elle valable, dans les limites de la loi, si elle précède l'échéance ? — Non.

IV. Y a-t-il encore des rentes immobilières malgré la généralité des termes de l'art. 529 ? — Oui.

V. Le Code Napoléon a-t-il maintenu l'emphytéose à temps ? — Non.

VI. Le bail à emphytéose perpétuel est-il nul ? — Non.

VII. Peut-on dans une société stipuler que l'on servira dans tous les cas aux associés les intérêts de leurs mises ? — Non.

Vu par le Président,
VALETTE.

Vu par le Doyen,
C.-A. PELLAT.

www.ingramcontent.com/pod-product-compliance
Ingram Content Group UK Ltd.
Pitfield, Milton Keynes, MK11 3LW, UK
UKHW012128240726
13965UKWH00005B/2034

9 782013 061292